AASE'S DEATH AASE'S DEATH

Aase's Death

by Aase Berg

Translated by Johannes Göransson

Black Ocean
Boston · Chicago

Black Ocean
P.O. Box 52030
Boston, MA 02205
blackocean.org

Book Design by Janaka Stucky | janakastucky.com

ISBN: 978-1-9651-5407-6

Library of Congress Control Number: 2025945117

Printed in Canada

FIRST EDITION

Table of Contents

FEED THE MONSTER

THE WAR, THE LOVE AND THE SHARK

GHOSTSHIP, SPACE JUNK

Translator's Introduction: The Betrayal of the Translator

1.

Translation is a volatile, noisy act. The translator or translators take a work written in one language and reimagine it in another language, imitating the author in an act of radical mimicry. This mimetic act generates excess: of authors, of texts, of words, of language. The dominant way of handling this volatile inflation has been to either reject translation (or claim the poem is "lost in translation") or to try to fit the translation into an economic idea of "equivalence" or "correspondence," where we imagine that the translator recreates the effect on the "original readers." But translation is much messier than that. Translations traverse all kinds of boundaries and often reveal those boundaries in the process. Translation defamiliarizes notions of the national and the natural, the good and the moral, the tasteful. Perhaps translation "lose" poems, but if so they generate deformation zones.

2.

As an immigrant, I have spent my whole adult life translating: my favorite songs, poems, my own words. I have become other people, including myselves. Soon after coming to the United States with my family as a teenager, I began writing poetry by translating and rewriting Imperiet songs and Bruno K Öijer poems in English. Poetry was never lost in translation for me; I found poetry in its deformation zones, migrations, noise. My self wasn't stable enough to have a "voice," I had a zone.

The first poet I truly dedicated myself to translating was Aase

Berg. I first read poems from what would become her first book, *With Deer,* in a Swedish literary journal that a visiting prof from Sweden gave to me. I was enthralled by the visceral, grotesquely marvelous poems, and I got my grandmother to buy a copy of the book and send it to me. I was so thrilled by the book I had to share it with my American friends. And thus I began to translate Berg's work in the late `90s.

Over the years I have read all of Berg's books, and translated many of the poetry books (and some of the essays), including *Dark Matter,* her disaster sci-fi epic that reimagines Harry Martinsson's Aniara; *Transfer Fat,* the first book of the so-called "mommy trilogy"; and *Hackers,* her investigation of globalism and its infrastructures. There's been a general shift from the grotesque surrealism of the early work to simultaneously shorter and quicker poems. But there are many throughlines: the antagonistic attitude, the corrosive honesty, and the ability to generate startling images that dig into the reader's unconscious. But perhaps most of all, the deformation and reformation of language, an often nonsensical or supersensical, supersensous approach to language.

3.

Now I've translated *Aase's Death,* her latest book of poetry. It comes after the success of the controversial autofiction *The Hag* and several other books of nonfiction. One might expect a book by Berg with the title *Aase's Death* to be dark, and it is. You may also expect it to be parodic, and maybe it is that too. But if it's parodic, it's darkly parodic. A defiantly dark laughter animates the book.

It's also—like most of her writing—a slangy, linguistically playful book. Translation discourse tends to demand accuracy (translators are often only mentioned when critics argue that they are incorrect, the "visibility" depending on failure of mastery), but Berg's poems are constantly playing around with language, in the deformation zones of language. For example:

Å vad den sluddrar
Å vad den ser dubbelt
Å vad den inte kan
artejakulilera sig

(Or in my translation:
Oh, how it slurs
Oh how it sees double
Oh how it cannot
artejaculate itself)

The word "artejakulilera" is a made-up word, a portmanteau consisting of "artikulera" ("articulate") and "ejakulera" ("ejaculate"). But more than that, it also seems to be a word that exemplifies how feminism "slurs" and "sees double"—or how a slow-moving seafloor-dweller might speak. There's a fundamentally corporeal element to this playfulness. It is highly mimetic and continually onomatopoetic.

Further complicating the task of the translator, Berg frequently uses English words, though they don't tend to mean exactly the same as in English. For example, the line "slöbökar i dustet" brings together a strange Swedish neologism (slow plus rummage) and a Swedified version of the English word "dust." How does one translate a word that is already in English? But: it doesn't quite mean the same in

Swedish. To begin with, it's a foreign word. Secondly, "dust" here feels more like the dustlike sludge stirred up on the bottom of the sea—what I ended up translating as "dregs." The sound or texture matter as much as any notion of "signified." The same is true of "slöbökar." Those two "ö" really mean—or sound—as much as the signification. Berg often uses this (very Swedish) vowel to suggest a kind of deathiness, slowness, stupidity, inability to articulate. A defiant anti-articulation, a feminist *artejaculation*.

4.

If, as George Steiner argues in *After Babel*, translation is "betrayed, trivially by nonsense," then Berg's poetry is extremely treasonous. Steiner argues that "nonsense rhyme, poesie concrete, glossolalia" pose problems for translation because they are "lexically non-communicative or deliberately insignificant." On the flipside, in her essay "Language and Madness," Berg argues that at the heart of language is "a kind of happy babbling for the sake of babbling" that resists the utilitarian and economic pressures of sense-making that are essential to capitalism and even patriarchy. Perhaps Berg's "ö's" and her onomatopoeic, babbling, sludgy, dust language is in touch with this babbling. Perhaps it "betrays" me in the act of translation.

But in *Aase's Death*, the babbling is not happy or paradisical; it's drudgy and slow as if underwater. This feeling is apparent in the way the words move in the poems. The grammar is at times random, sloppy, failing to comply with grammar, to rules of good writing. If the deepsea state of mind is a kind of depression –even "death"—we can also see in this failure to comply with rules, a kind of bodily, mimetic rebellion, a kind of insurrectionary depression.

This is the state of *Aase's Death*: a poetics of failing to use the right words, failing to be good, failing to be alive:

> Those of us who really want to max out
> life do not long for greatness
> Instead we make ourselves small,
> used-up, pointless,
> remote-controlled and dreamed
>
> But hello
> we're still gonna die

"You know everything
even without a brain"

— Kim Hyesoon

BLOBB

Alla öar flydde,
inga berg funnos mer.
Och jorden finns inte,
ingen himmel därovan,
ett gapande svalg finns,
men ingenstans gräs.

BLOB

All islands fled,
there are no more mountains.
And earth does not exist,
nor the skies above.
There's only a gaping chasm,
but nowhere grass.

Jag minns vagt en morgon
men det är redan kväll.

I vaguely remember a morning
but it is already evening

Slamdamm

Slöbökar i dustet,
utandning rör upp brunslammet
ur bottensatsen

Ingenting lyser, ingenting syns.
Ändå ser jag allt. Ingenting känns.

Du kan sticka din hand
rakt igenom mig

Sludge Pond

Mucking around in the dregs,
my breaths stir up brownsludge
from the sediment.

Nothing glows, nothing is visible.
Yet I see everything. Feel nothing.

You can stick your hand
straight through me.

Abyssalt fokus

Imitera ljuset
som kommer uppifrån
Jakt betyder:
Stå still och vänta på ett byte

Abyssal Focus

Imitate the light
that comes from above.
Hunting means:
Stand still and wait for prey.

Tillintet

Bleka tarmen släpper upp en bubbla
Det är ett fisköga i bubblan
Ingenting gör ont
Minns ingenting,
finns ingenting

Annihilation

The pale intestine lets out a bubble
There is a fish eye in the bubble
Nothing hurts
Remember nothing
There is nothing

Kall klocka, bristfylld hjärna

De är förmodligen aldrig olyckliga
Däremot blir de gamla
Minusvattnet kan inte frysa
på syrefattiga djup
Tiden går i en annan takt
Föda kommer sporadiskt

Öarna norr om Sibirien
består bara
av mammutskelett

Cold Clock, Lackluster Brain

They are probably never unhappy
But they do grow old
Water does not freeze below zero
at low-oxygen depths
Time moves at a different pace
Food is only sporadically available

The islands north of Siberia
consist only
of mammoth skeletons

Dusk ovan jord

En utsträckt sandbränd dammande platå där alla gnuerna flockas tillsammans men helt avskärmade för de ser inte varandra och ibland får någon individ en parasitmask i huvudet och cirklar runt sig själv i allt snävare skräck. Detta handlade alla naturprogram om på 70-talet. Detta förebådade den bioluminiscenta döden.

Dusk Above Ground

All the wildebeest flock together on an outstretched, dusty plateau of burnt sand, but they remain isolated because they can't see each other and sometimes one of them gets a parasitic worm in its head and starts to run around in an ever-tightening spiral of terror. This is what all the nature programs were about in the 70s. They foreshadowed bioluminescent death.

Den feministiska depressionen

Å vad den sluddrar
Å vad den ser dubbelt
Å vad den inte kan
artejakulilera sig

Så förruttnat torftigt
med en spruttande gejser
ur pelagialen Hades

Den handlar bara om
min egen "död"

Allting syns
Jag vill inte se det

Feminist Depression

Oh, how it slurs
Oh, how it sees double
Oh, how it cannot
artejaculate itself

So rotten and decrepit
a geyser spraying
from pelagic Hades

It's all about
my own "death"

Everything is visible
I don't want to see it

Inget solljus når ner

Hannar uppträder som dvärgformer
för att parasitera på honorna
Jättebläckfisken gör sugmärken
på kaskeloter
Tröttheten är avlång
Ibland singlar det ner en Pripps blå
Alla ideologier dör
under 3000 meter

No Sunlight Reaches All the Way Down

Males assume miniature forms
to parasitize on females
The giant squid makes suction marks
on sperm whales
The fatigue is oblong
Sometimes a can of cheap beer drifts down
All ideologies die
below 3000 meters

Djuphavsfiskar

De kommer hasande
utan synfält
från en dunkel radie
De kanske har
en liten liten hjärna
med tre endorfiner i
som kickar in ibland
Då fortplantar de sig
rätt så håglöst

Inga nyheter
Inga strömmar
Samma väder
Ingen Carpe Diem
För det finns ingen dag
Det finns inget Bara Vara
Det finns bara Vänta

Ibland hamnar högre organismer där
och blir tillbakabildade
Börjar äta svavel
och liknar ingenting

Gränsen mellan mindfulness
och mindlessness
är lika tunn som
känselsprötet

Deep-Sea Fishes

They come slithering
without vision
out of a murky place
Maybe they have
tiny little brains
with three endorphins
that sometimes kick in
causing them to reproduce
quite heedlessly

No news
No currents
Same weather
No Carpe Diem
Because there is no day
There is no Just Be
There is only Wait

When higher organisms sometimes end up there
they devolve
Begin to eat sulfur
and look like nothing

The line between mindfulness
and mindlessness
is as thin as
an antennae

Kungsörnen

Huden är mycket tunn,
benet syns igenom
Hela vingen är en hand
Lillvingen är ett finger

Böjda fjädrar repareras
med het ånga

Ikaros var på rätt spår,
men i fel luftskikt

The Golden Eagle

The skin is so thin
one can see the bones.
The whole wing is a hand,
the small wing a finger.

Bent feathers are repaired
with hot steam.

Icarus was on the right track,
but in the wrong layer of sky.

Trött energi

150 meter ner
på botten är det alltid 4°
Dvs november
med obefintligt siktdjup,
sediment av grummel

Nu rör sig något svagt –
är det en rymdmask?
Eller ett maskhål?
En kropp, en fot,
en krona av tentakler
omger ”munnen”

Luftslangen slackar,
klockan kluckar ostadigt,
djupt nere dunkel stjärnhop,
midnattszonens purpurglöd

Vi som verkligen vill maxa
livet längtar inte efter storhet
Vi gör oss tvärtom små,
förgångna, meningslösa,
fjärrstyrda och drömda

Men hallå,
vi hade dött ändå

Tired Energy

150 meters down
at the bottom it is always 39 degrees
i.e. november
with no depth visibility,
sediments of sludge

Suddenly something moves a little —
is it a spaceworm?
Or a wormhole?
A body, a foot,
a crown of tentacles
surround "the mouth"

The air hose slackens,
the clock clucks shakily,
deep down in the dim star cluster,
the midnight zone's purple glow

We who really want to live life
to the fullest do not long for greatness
Instead we make ourselves small,
used-up, pointless,
remote-controlled and dreamed

But hello
we're still gonna die

Halvtungt vatten

Vi försöker än så länge samtala
eller är det utbyta läten
hadopelagiska ekon
fjärrsonar av spermaceti
genom valarnas SOFAR-kanal

Semi-Heavy Water

We are still trying to talk
or exchange sounds
hadopelagic echoes
remote sonars of spermaceti
through the whales' SOFAR channel

Strandad val

Man kan projicera mycket i valar.
Men ändå: Det finns tillfällen
när det okända
gråter på sitt eget sätt

Stranded Whale

One can project a lot on whales.
But still: There are times
when the unknown
cries in its own way

Fågelsörja

Då rinner sorgen,
tunna, svarta rännilar
ur glaspärlor

och vingar hänger,
klibbtunga
av oljebeck

Bird Grieving

When sorrow runs
in thin, black rills
out of glass beads

and the wings hang
muckheavy
from oil guck

Ledtrådar

Luftfukten, hettan,
den konturlösa lukten,

urögonens skärpa,
starkt skriande, distad och
fel

Nosgluggarna
öppnar och sluter
i ljusgrynigt nattspel

Tung ånga,
girlanger, tentakler

Skeletten på led
som kota på kota
av ledade trådar
i osynlig livsform,
ledslingor
i chiffer
av pixlar

Leads

The humidity, the heat,
the shapeless odor,

the focus of the ur-eyes,
loudly screeching, distorted and
wrong

The nose holes
open and close
in a lightgrainy night game

Heavy steam,
garlands, tentacles

Skeletons lined up
like vertebra on vertebra
controlled by the threads
of an invisible life form,
loops
in a cipher
of pixels

Och hornets hinna
En mjölkgrön lins
Ingen tunn hud
som ingen kan känna
Har vi lungor
eller gälar

Tidsandan får inte plats
i tidens gälar

Det hjälper inte att ha
en fixed target
Inte ens kambrium
duger som benlim

Dinonunculus—

Var goda sluta förnedra er själva
Var goda sluta dö
I alla fall i onödan

And the horn membrane
A milky green lens
No thin skin
which no one can feel
Do we have lungs
or gills

The spirit of the age does not fit
into the gills of time

Having a fixed target
is not enough
Not even Cambrian
can glue bones together

Dinonunculus—

Please stop humiliating yourselves
Please stop dying
at least, unnecessarily

Måndag i Marianergraven

Alla är fiender
Alla är byten

Det specifika utseendet försvinner
och den generella ålderdomen tar över
i en människas ansikte

Förhandling är en konstform, inte en vetenskap.
Ibland dödas gisslan.
Under tiden sitter nån på toa och röker weed och chillar så gott han kan

Vi gjorde en labyrint av möbler
Nån byggde en bomb av tändare
Det var jävligt ensamt

Monday in the Mariana Trench

Everyone's an enemy
Everyone's a prey

The specific features disappear
as general aging overtakes
people's faces

Negotiation is an art form, not a science
Sometimes hostages are killed
Meanwhile, someone sits on a toilet
smoking weed and chilling as best he can

We built a maze of furniture
Someone else built a bomb out of lighters
It was fucking lonely

Retrolimbo

Jag vuxenvaggar
i Hitlers gungstol
i Stillhetens rum

Inga känslor
Jag hade känslor
för tio år sen
Nu är jag
mjuk och perfekt

Ingen vet
om Manitou är död

Överdos dopamin
Eller oxy

Retro Limbo

I'm a grownup
rocking back and forth
in Hitler's rocking chair
inside the Room of Stillness

No feelings
I had feelings
ten years ago
Now I am
soft and perfect

Nobody knows
if Manitou is dead

An overdose of Dopamine
Or oxy

Akvarionaut

Jag är inte ett dugg
deprimerad
Men för varje år
mer och mer apatisk

Zonar ut
Ingen hemma

Jag behöver
få fiskmat
med olika färg
på flarnen

Aquariunaut

I'm not one bit
depressed
But every year
more and more apathetic

Zone out
Nobody home

I need
to get fish food
with many
colored flakes

Encellig översättning

Ett akvarium är varje person som förblir under vattnet och andas vid det omgivande trycket tillräckligt länge för att koncentrationen av de inerta komponenterna i andningsgasen upplöst i kroppsvävnaderna ska nå jämvikt, i ett tillstånd som kallas mättnad.

Single Cell Translation

An aquarium is every person who remains underwater breathing in the surrounding pressure long enough that the density of inert components in the breathing gas, dissolved in the bodily tissues, reaches equilibrium, a state called saturation.

Alla mina djur

Lägger pussel av pixlar,
föser splitter i högar,
syr ihop ensamheter
släpper ut dem igen

tuggar hugg, fram impulser
3D-skrivaren matar,
spottar sandkorn ur berget
som av hopplöshet grusat

De så saknade djuren,
stjärnfåglarna av oro
Det är ingen som minns dem
Ingen minns deras grundform

Som ett maskhål har ätits
Bara pulver finns kvar

All My Animals

Do a pixel puzzle,
shove splinters into piles,
stitch together solitudes
then let them go again

Chomp chomp impulsively
the 3D printer feeds,
spits sandgrains from a mountain
which hopelessness
has crushed to gravel

The much-missed animals,
starbirds of anxiety
No one remembers them
No one remembers their original form

As if a wormhole had been eaten
Only powder remains

Mättnadsdykning

Hästryggen var ogästvänlig idag.
Den väldiga friesern
gjorde sig stel och kantig

Himlen lyser kl 21.00
En enda gräsand guppar
på Stockholms ström

Två glada raggare
sjunger Corona Corona
genom en öppen bilruta

Alla vägar tomma,
paradvåningarna ekar,

virusflingor gnistrar
i gatlyktornas
violetta sken

Saturation Diving

The horseback was inhospitable today.
The enormous Friesian horse
made itself stiff and angular

The sky glows at 9 p.m.
A single mallard bobs
on Stockholm Stream

Two happy greasers
sing Corona Corona
through an open car window

All roads empty,
the old penthouse echoes,

virus flakes sparkle
in the violet sheen
of the streetlights

Eftergift

Jag vet det redan
Ingen gillar mig
även om ca tre pers
faktiskt älskar
det egentliga slemgruffot
den sura snigelplumpen
den genomsläppligt ogenomträngliga
med vippiga öronplymer
och löjliga lyktor i antennerna

Men man kan inte göra konst
av de riktiga sorgerna
Eller rättare sagt
kommer ingen att gilla den konsten

Concession

I already know it
No one likes me
even though about three people
actually love
the true slime grunter
the sour snail slob
the permeably impenetrable one
with tipped ear plumes
and silly lanterns on her antennae

But it's impossible to make art
out of true grief
Or more correctly
nobody will like it

MATA MONSTRET

En svartkropp är ett objekt som absorberar all infallande elektromagnetisk strålning, och därmed inte reflekterar någonting. Detta medför att den strålning som avges från kroppen inte kan bero på den strålningsmiljö som kroppen befinner sig i, utan enbart på inre egenskaper hos kroppen.

Wikipedia

FEED THE MONSTER

A blackbody is an object that absorbs all incidental electromagnetic radiation and therefore reflects nothing. This means that the radiation emitted from the body cannot depend on the radiation environment in which the body is located, but solely on internal properties of the body.

Wikipedia

Vak

Djupt nere
på älvens botten
De svarta ögonens blick
Jag förstår inte

A Break in the Ice

Deep down
on the bottom of the river
Black eyes gaze
I don't understand

Ingenstans gräs

Jag kommer aldrig mer
att få uppleva havet—
eller är det jorden—

bara gnaga på
min egenhud
från insidan

Tycker jag
att detta innankött
ger mättnad?

Nowhere Grass

I will never again
experience the sea —
or is it the earth —

will just gnaw on
my own skin
from the inside

Do I think
the innards
will satisfy?

Självhjälp för Ikaros

Hög självkänsla angränsar
till besvärjelse om odödlighet
Då inträder en nedmontering

Nedskalande

Jag hade aldrig i mitt liv
fått en fästing
Men i somras
fick jag en

Det är så kvavt härinne
Det behövs självdrag

Self-Help for Ikaros

High self-esteem feels almost
like a spell of immortality
This leads to a dismantling

Downscaling

I had never in my life
been bit by a tick before
But last summer
I got one

It's so stuffy inside myself
I need to be aired out

Självförtroende kan vara
att man tycker att man är bra
Men det kan också vara
att man fattar att man är dålig

Self-confidence can mean
thinking you are good at something
But it can also mean
realizing that you are bad at it

Anfall försvar

Den stora hunden
throws a tantrum
men utfallet
når inte ända fram

Darrande väntan

Den lilla hunden
blickstilla
Börjar sen kravla
långsamt dinosaurisk,
seg och spöklugn

Fäller den stora
med ett grepp
om nackskinnet

Magen blottad
Strupen öppen

Manitou
är kraften
som alltid håller käft

Attack Defense

The big dog
throws a tantrum
but the lunge
remains elusive

A trembling wait

The little dog
perfectly still
Then starts crawling
slowly dinosaurically
sinuous and ghost-calm

Brings down the big one
by biting a hold of
its neck skin

Belly exposed
Throat open

Manitou
is a force
that always keeps its jaws shut

Offret

Du ska vara hungrig.
Du ska aldrig nånsin vara mätt.
Finns det någon som är mätt?
Finns det mätta fetton
eller är de feta hungrigare
än de svältande?

Vissa seglar över negationen
Uppkast ur triumfens hålrum
Hungern som tar makten
över intet
Minuskontot övertrumfar
underkastelsen

The Sacrifice

You must stay hungry.
You must never ever be full.
Is anyone full?
Are the fat people full
or are they hungrier
than those who starve?

Some float above negation
Vomit from the void of triumph
The hunger that takes power
over nothingness
The negative account balance trumps
submission

Matar monstret,
smakar självgud
Andras huvuden
som guppar,
avhuggna

Genom ögonhålet
i slipad skalle
skjuter solgul
kanarie

Näbben full
av silverfisk
till bobygget
i bråten

Varm och vacker
Men så tyst

Feed the monster,
it tastes like self-god
Others' heads
bobbing,
chopped off

Through the eye hole
of a polished skull
a sunyellow canary
sticks out

Beak full
of silverfish
for the nest
in debris

Warm and beautiful
But so quiet

Råttor i en labyrint lär sig variera sitt beteende om de gång på gång fastnar i en återvändsgränd. Jag försöker vara råtta, men det är svårt att häva sig upp ur sina artspecifika begränsningar.

Rats in a maze learn to vary their behavior after repeatedly reaching a dead end. I'm trying to be a rat, but it's hard to rise above the limitations of one's species.

"Förövaren har fått hjälp att ta sig vidare." Nej, du. Ta sig vidare får man göra alldeles själv. Ingen flyktbil, bara skavsår, blåsor, upprivna köttfötter, fallet nedför en lerig slänt, försöker låta bli att drunkna i en grumlig bäck full av ruttna kantareller och slemmiga löv. Ingen ser mig. Ingen hjälp. Inte en chans att smita till Baltikum.

"The perpetrator has received assistance in moving on." No. Moving on is something you have to do on your own. No getaway car, just scrapes, blisters, torn-up fleshy feet, tumbling down a muddy slope, trying not to drown in a murky stream full of rotting chanterelles and slimy leaves. Nobody sees me. No help. Not a chance of fleeing to the Baltics.

”Sök stimuli från sidan!” Men jag kände mig bara viktlös. Jag svävade över pitchen. Jag måste använda framfoten mer. För när jag använder mellanfoten är den bara i vägen.

"Seek stimuli from the side!" But I just felt weightless. I floated above the pitch. I need to put my front feet forward. When I use my middle feet, they just get in the way.

”Var inte rädd! Underbara saker väntar oss. Jag rymde över det glittrande havet.”

"Don't be afraid! Wonderful things await us. I fled across the glittering sea."

Vehiklar i Uncanny Valley

Vi gick över tågspåren en gång. Vi gick ner i ett dike bland träden. Löven susade, annars var det tyst. Jag hörde mitt eget blod slå mot stranden i hjärtats muskel. Jag försökte känna på ansiktet men jag hade inget ansikte, det var ett fuktigt moln. Vad hade de gjort med mig? Men jag kände mig inte skadad, inte övertagen eller besatt. Är jag en proxy?

Vehicles in the Uncanny Valley

One time we crossed the train tracks. We went down into a ditch among the trees. The leaves rustled. Except for that, all was quiet. I could hear my own blood beating against the shore inside my heart-muscle. I tried to feel my face, but I had no face, just a damp cloud. What had they done to me? I didn't feel hurt, or overpowered or possessed. Am I a proxy?

Natt i garaget

En bil har nyligen somnat, den är ännu varm, varm som ett spädbarn, det knäpper i plåtarna, blodkroppar knastrar allt långsammare i ådernätet. Ner i mörkrets glup. Att veta var skrovet börjar och slutar. Antenner söker i den mjuka drömluften, frekvenser.

Vad vill ni mig?
Ingenting.
De vill bara framföra att jag är narcissist.

Night in the Garage

A car has just fallen asleep, it's still warm, warm as an infant, the panels tick, the crackling of blood cells in the vascular network is fading. Down into the wetlands of the darkness. To know where the hull begins and ends. The antennas seek, in the soft dream air, frequencies.

What do you want from me?
Nothing.
They just want to convey that I'm a narcissist.

Glidning, fylld

Jag ser djupt in genom hans pupill,
men samtidigt
är det en slöja över hela ögat.

Plötsligt förstår jag
att han ser lika djupt in i mig.

Vad är det han ser?

Har jag ett ansikte?

I alla fall inte inifrån.

Slippage, Filled

I look deep into his pupil,
but at the same time
a veil covers his entire eye.

Suddenly I understand
that he sees just as deeply inside of me.

What does he see?

Do I have a face?

I can't tell from inside.

Vårflod gör ont

Under smältvattnet där
stenar gnager
mot varandra

Huvudfotingarna bits
och naggas

Varför fågelbo i håret

Balansera de små
sköra, sköra äggen!

Jag har rätt
till en sommar
utan sorg

Spring Flood Hurts

Under the meltwater where
stones gnaw
against each other

Stick figures bite
and nag

Why a bird's nest in the hair

Hold on to the tiny
fragile, fragile eggs!

I have a right
to one summer
without grief

Nej spräck

Rullbubbla över åkrarna
Vågskvimpa över ytan

Slit upp ur letargin,
erövra hastigheten,
överljudet överkomligt
utan vattentäta skott

Segla på lätten
Världsalltets vektorer
Planlöshetens lastskepp
handlar med balans

Och mina spöken
Vart vill jag er frakta
Varför släpa cargo
när man kan gå tom

No Crack

Bubble-roll across the fields
Float across the wavy surface

Break out of the lethargy,
conquer speed,
the supersonic is surmountable
without waterproof chambers

Sail lightly
The vectors of the cosmos
The cargo ship of aimlessness
trade balances

And my ghosts
Where do I want to transport you
Why drag this cargo along
when I can travel on empty

Hungerspel

Jag tar tillbaka min fråga
om fettonas svältgrad
Varghonan på Ellesmere Island
som dog när hon gav di

Den utmärglade hunden i buren,
den spända gallerhudens bröstkorg
De djupa ögonen,
motsatsens ögonlösa ansikte,
som Slenderman,
svart onåbart,
kontaktlöst,
hemlöst irr

Snart smyger svälten
in i Lviv, Ukraina,
sen kommer den till
Lofta by
Jag slipper inte
Inte än
Fortfarande ett problem att lösa:
Hur min list
ska kunna överlista
våldet

Hunger Game

I take back my question
about the starvation of fat people
The she-wolf on Ellesmere Island
that died while nursing

The emaciated dog in a cage,
her grate-like chest,
the deep eyes,
the eyeless face of negation,
like Slenderman,
darkly unreachable,
no contact,
homelessly drifting

Soon the famine will creep
into Lviv, Ukraine,
then it will reach
Lofta Village
I can't escape it
Not yet
A problem yet to be solved:
How will my smarts
outsmart
violence

Bakslag / framstöt

Flämtande andning
Uppvindar på tundra
Twilight Otter, kort landning
Dödens färgkod är vit

Flygresan är krånglig
Siberian huskys
Klarsignal, nödraketer
Ground zero,
dead zone

Vi är hungriga
men inte rädda
Inte ni heller

Man ska aldrig
underskatta
oss rovdjur

Kickback / Thrust Out

Gasping breaths
Updrafts on the tundra
Twilight Otter, quick landing
Death's color code is white

The flight is dodgy
Siberian Huskies
Go-ahead signal, emergency flares
Ground Zero,
dead zone

We are hungry
but not afraid
Neither are you

Never underestimate
predators like us

KRIGET, KÄRLEKEN OCH HAJEN

"We did nothing wrong — but somehow we lost."

— Nokia when Apple won

THE WAR, THE LOVE AND THE SHARK

"We did nothing wrong — but somehow we lost."

— Nokia when Apple won

Negativ i sommarklänning

Jag går naturlig
genom det vita fladdret
Apollofjärilarna singlar,
svävar, lättar,

svalor av silkespapper,
prasslar viktlösa och studsar
mellan vindpuffar
och luftlager och fuktsjok
i en oskarp trädgård

Nattugglan sitter och surar
under skorstenskåpan
för att undslippa
de plågsamma koltrastarna

Lommarna ropar nerifrån sjön

Det här är
en avlägsen skärgård

Pianot saknar grå tangenter

Ingen jobbar,
alla dör

Negative in Summer Dress

I walk naturally
through the white flutter
Apollo butterflies flicker,
float, ease up,

paper swallows
rustle weightlessly and bounce
in puffs of wind
layers of air and moisture
in a blurry garden

The night owl sulks
beneath the chimney cowl
avoiding
the torturous blackbirds

The loons call from down in the lake

This is
a remote archipelago

The piano has no gray keys

Nobody works,
everyone dies

Lilla snigel

utom räckhåll

för min egen jagperson

Du vet väl att trädgårdsarbete

är ondska?

Little snail

out of my own

self-person's reach

Don't you know that gardening

is evil?

Titta på den här
skrovliga stenen

Den har ruvat sitt ägg
sen tidig miocen

Se, något rör sig
över ytan/ skalet!

Det genomskinliga
som börjar kvickna,
krylla:

av årmiljoner avtrubbade
extremofiler

Look at this
scabrous stone

It has roosted on its egg
since the early Miocene

Look, something is moving
on the surface/shell!

The transparent thing
begins to quicken,
crawl:

extremophiles
blunted by millions of years

Trollsmör och vargmjölk
kan vakna upp
i dödved plötsligt

Förflyttar sin smet
ca 2 cm i timmen,
noll celldelning,
trögköttande
och semitänkande

i gränstrakten
mellan feg stumhet
och vildmarkens
våldskapital

Troll butter and wolf milk
can suddenly wake up
from dead wood

Move its dough
about 2 cm per hour,
zero cell division,
slowmoving
and semithinking

in the border region
between mute cowardice
and the violent capital
of the wilderness

Ondulaterna
pickar stöv
från de betande
ungulaternas ryggar

I nästa klipp
kräks de ur krävan:
Agent Orange
och hormoslyr

Evil parakeets
peck at the muck
on the backs
of grazing ungulates

In the next clip
they puke out of necessity:
Agent Orange
and herbicide

Impalor,
spökmustanger rusar
genom verkligheten,
spränger fram
tvärs över E4:an
med kardborrar i sina
långa manar, svansar

Men om de ser oss

Eller vi ser dem

Vågar vi köra
rakt igenom?

Det är aldrig bra
att se flyktdjurens
ögonvitor

Impalas,
ghost mustangs rush
through reality,
exploding across
the E4 highway
with burrs stuck to their
long manes, tails

But if they see us

or we them

would we dare to drive
straight through?

It's never good
to look into the whites
of a fleeing animal's eyes

Nazarévågen vältrar sitt slagskum
Långtradaren reser sin mur av död
Kryptohundarna slungas mot brofästet
Liten gibbon begraven i massor
Bored Ape Yacht Club
freewheelar i baisse

Tunga skolbussar rullar
genom den pulvriserade staden
där krypskytt är ett trögt ord,
sniper onomatopoetiskt

Men rytm är sekundärt
Man behöver inte bo
där man känner sig mest hemma

The Nazaré wave topples with foam
The truck raises its wall of death
The crypto dogs are hurled against the bridge
A little gibbon is buried in wreckage
Bored Ape Yacht Club
Freewheels in freefall

Heavy school buses roll
through the pulverized city
where creepshooter is a slow word,
sniper onomatopoetically

But rhythm is secondary
You don't have to live
where you feel most at home

Är jag lydig nu
när jag inte bråkar?

Urvattnad, utblödd
trodde jag

Men blodsmaken
kan väcka döda

Skelettets hårda virke
svårt att knäcka

och hajens gälar
är av seg gelé

Am I obedient now
when I'm not fighting back?

Diluted, bled out
I thought

But the taste of blood
can raise the dead

The skeleton is a hard material
to crack

and the shark's gills
are gelatinous

Eskalera muskeltonus
i folkbävning, hör frust
Descendo inte möjligt
när ingen skendöd går

Kolonnernas tsunamivägg
kraschar in det nordiska ljuset

Landskorpan glöder,
hovar stampar,
snart ska allt försvinna, nej

Escalate the muscle tone
of an uprising, hear the snorting
Descendo not possible
and playing dead doesn't work

The tsunami wall of columns
crashes into the Nordic light

The earth's crust glows,
hooves stomp,
soon everything will disappear, no

Alla känslor ligger med alla andra känslor = tomhet
För mycket sex = fylla
En svampig paradkropp
Utsugarna som tågar fort förbi
Havet!
Av dollarfanor
Vi kastade maneter
på den
när den låg och pöste
under fel sol

All emotions sleep with all other emotions = emptiness
Too much sex = drunk
A swampy showoff body
The bloodsuckers who quickly pass by
The sea!
Of dollar banners
We threw jellyfish
at it
When it lay there puffing
under the wrong sun

Är jag kanske inte ensam. Molekylansamlingen som följde mig från barndomen vill ses. Låtsaskompisen på avstånd djupt i innanmätet, transformerade typ elström in i ådrorna. Absolut inte en gud, utan en utomjordisk tvilling, avatar i verkligheten, vem är vem, var är jag, locksången ur rymden, är det verkligen storlommens dunkla läte som jag hör?

Maybe I'm not alone. The molecule collection that has followed me around since childhood wants to meet up. The imaginary friend, even at a distance deeply interior, transformed something like electricity into my veins. Definitely not a god, but an otherworldly twin, an avatar in reality, who's who, where am I, a herding song from space, is it really the low moan of the black-throated loon that I hear?

Jag vågar skriva det rakt ut: gemenskap finns. Du lilla dystra överlevarhäst, att du står ut med mig, vi kan väl hjälpas åt att bära?

I dare to tell it straight: we have a connection. Gloomy little survivor horse who puts up with me, can we help each other carry?

Figuranter i motljus
Figuriner på klipphyllan
Huvudfotingar von oben

Ta bort all metall
för att undvika
norrskenets raseri

Figurantes in backlight
Figurines on mountain ledge
a child's drawing of a head with feet

Get rid of all metal
to avoid
the fury of the northern lights

Det måste finnas
en röd tråd
en klättringsled
av fasta rep
eller en åskledare

ett band eller en kedja
jag kan greppa handen om
och följa
till den platta jordens slut

i nödbogsering,
ytbärgning
Men vi är under ytan

Fenan tar sats:
uppstudsigt uppskjut
för jag kommer på
att jag har faktiskt barn!
Har ännu blodsbarn!

Och de ska också föda barn
som de darrande
brännhårt
ska älska

There has to be
a common thread
a climbing route
of stable ropes
or a lightning rod

a band or chain
I can grab onto
and follow
to the end of this flat earth

in an emergency towing,
surface rescue
But we are below the surface

The fin is ready:
defiant postponement
because I remember
that I actually have children!
Still have blood children!

And they will also have children
whom they
trembling
with a burning intensity
will love

Det är bara ni,
ni, barnen,
som bär mig nu

Men jag vet inte var ni är,
ni, små,
ni måste akta er för eld
och djupa vatten

Ni måste minnas
det lilla stoet
som drog era krigsleksaker
genom dimman

med dova skrittsteg
pådriven av fölungar
hon aldrig kunnat glömma

It's just you,
you, children
who are carrying me now

But I don't know where you are,
you little ones,
you must watch out for fire
and deep waters

You must remember
the little mare
who dragged your war toys
through the fog

in a dull trot
driven by the foals
she never could forget

Hajen måste ha hållfast kött
Krasa skelettet till krita
för att kunna föda
sina hjärtskärande yngel

Kleta deras hieroglyfer
på den skrovliga stenen
Kan ljuset åter lysa
om vi sprayar luminol?

The shark must have firm meat
Crush the bones to chalk
in order to give birth
to her heartrending pups

Smear their hieroglyphs
on the coarse rock
Will the light shine again
if we spray it with luminol?

Alla fåglar.
Alla dessa fåglar!
Alla varsin egen.
Ett eget litet liv.

All these birds.
All these birds!
Each their own.
A little life of their own.

SPÖKSKEPP, RYMDSKROT

I natt far vi hem till sirenernas sång,
i natt går vi utan lanternor

— Stina Nordenstam

GHOSTSHIP, SPACE JUNK

Tonight we're travelling home to the sound of the sirens' song
Tonight we're travelling without lanterns

— Stina Nordenstam

Bestemor Aase
var inälvsmässigt felvänd
Hon hade till exempel hjärtat
på höger sida

Utväxta skulderblad
och fjäderdräkt
som växte inåt
Till hälften genomskinlig, gråskuggan

trolldansar ut
ur Dovresalen
Bara i spegeln

var hon människa,
inte chimär
även i solen, spricka

My grandma Aase's
body was in disarray
Her heart for example was
on the right side

Her shoulder blades
were overgrown
and her plumage
grew inwards

Half transparent, her gray sahdow
danced like a troll
out of Dovre Hall

Only in the mirror
was she human
not chimerical

Also in the sun, a crack

Djuphavsfiskar är för fria
i sin oändliga lojhet
och tröstlösa transparens
Men om jag vore en dödsdelfin
eller en flytande, instängd
BASSÄNGSÄL!

En ballongsäl
av omhållen luft
Gillar trots allt lådans väggar
Betongens gastkram
Svampblobbens fyrkant
Bonsaikatterna

Inrama hästen,
fyll frysklabbarna
med ektoplasma
Ridhjälmen
och hörselskydden
som förankrar grå substans

Behöver även ögonbindel
eller skygglapp
och vill halta fram
med knän inspända
i ortoser

Deepsea fish are too free
in their infinite indolence
and inconsolable transparency
But what if I were a dolphin of death
or a floating, locked-in
POOL SEAL?

A balloon seal
of captured air
Likes in spite of everything the walls of the box
The horrifying squeeze of concrete
The square spongeblob
bonsai cats

Frame in the horse,
fill the icepacks
with ectoplasm
The riding helmet
and ear protection
anchor gray matter

Also need a blindfold
or blinkers
Want to limp forward
with knees braced
in orthoses

Stålstränga in
min flummiga själ
Tro inte på chemtrails
Tro inte på karma
Tro inte

Steel-string in
my oddball soul
Don't believe in chemtrails
Don't believe in karma
Don't believe

Det dysfunktionella urslemmet

Mufflon, mammut, mollusk
Alla kvarlevor från Edens lustgård

Men ingen står längre ut
med trögtänkt gloende
över sedan länge döda hav

Ingen uthärdar
det planlösa pösandet, dallret,
bristen på missiler
typ Satan 2

Alternativet är ORMVRÅKEN
som sitter på sin stolpe
intill motorvägens ljudflod
och stillsamt väntar
på roadkill

The Dysfunctional Primordial Mucus

Mouflon, mammoth, mollusk
All remains from the Garden of Eden

But no one can any longer stand
the dumb stare
across long-dead seas

No one can endure
the aimless panting, rumbling,
lack of missiles
like Satan 2

The alternative is THE BUZZARD
who sits on its post
next to the highway's flood of sound
and quietly awaits
roadkill

Hör knackningar från
skyddsvisirets insida
på dödens bädd
där jag sitter
vid hennes cancer

Den böjer sig så nära,
även nära över mig,
som myrans plåtansikte
i grotesk förstoring

Våra rustningar
slamrar i orbit
Vi är i myrstacken
i cellblocken
Små buckliga kopior
av de där riktiga

bortom hustaken,
skorstenarna,
staden,
muren

Vi har aldrig sett dem
Men det är de som
egentligen finns

Hear the knocking from
inside of the visor
on death's bed
where I sit
next to her cancer

It leans so close,
almost over me,
like an ant's metal face
grotesquely magnified

Our armors
slam into orbit
We are in the anthill
in the cellblock
Small dented copies
of the real

beyond rooftops,
chimneys,
the city,
the wall

We have never seen them
But it is they who
truly exist

Peles tårar

Svarta segel flämtar,
vinden rosslar full av fnugg
och fåglar
Stormfåglar
men det är ingen storm

Jag ska rusa ut förbi er
Rymma ur helveteskoket och förbi
Hur kan Ediacara inträda efter
när det borde komma före

Spillror glöder vagt i vattenytan
av en kambrisk explosion som tynar ut
Bakvattnet sugs fram mot fören
Jag ska vägra efterlämna mig

Jag ska vägra inte andas
som delfinen

som den genomskinliga delfinen
skuttar i vårt vrakskum,

utan skal eller skelett

The Tears of Pele

Black sails gasp,
the wind rustles full of fluff
and birds
Stormbirds
even though this is no storm

I'm going to rush past you
Escape from hell's kitchen and get out
How can the Ediacaran Biota take place after
when it should have happened before

Debris from a fading Cambrian explosion
glows vaguely on the water's surface
The tailwater is sucked towards the bow
I will refuse to leave myself behind

I will refuse to stop breathing
like the dolphin

like the transparent dolphin
darting around in the foam of our wreckage

without shell or skeleton

Men jag hade
någon form av inre liv
när jag var yngre
Drömmar om
sjöhästar och om hus

Nu har jag hus och hästar,
inga drömmar,
ingen strävan,
ingen oro,
ingen tid

Och inga tankar,
ingen barlast,
är ett skrov,
spökskepp i natten

Här ser jag färger,
mareldens paljetter,
ljusslingor och
ögonstrålar

rider vågritt,
följer gunggaloppen

genom skumrasket
av slaghårt,
upprört vatten

But I used to have
some kind of inner life
when I was younger
Dreams about
seahorses and houses

Now I have houses and horses,
no dreams,
no goals,
no worries,
no time

And no thoughts,
no ballast,
I'm a hull,
a ghost ship in the night

Here I see colors,
nightmare sequins,
loops of light and
eye beams

I ride the waves,
a bumpy gallop

through the murky foam
of hard-hitting,
turmoiled water

Duvorna på eltråden
kan sitta där
för de har ingen fot i jorden

Kaskelotens klickljud är
en kroppslig känselsyn

En djuphavsmarulk sväljer byten
av sin egen dubbla storlek

Från batysfären ser vi rester
av urtidens glädje

The doves on a powerline
can sit there
they don't keep their feet on this earth

The clicking sound of the sperm whale is
a bodily sense-vision

A deep-sea marten can swallow a prey
twice its own size

From the bathysphere we see remains
of primeval joy

Vad är det för hunger

Plufsmask på dagen,
varulv på natten?
Månskenet howlar
sin spegelkonsert

Behöver karta
Lägenheten ett hotell
med underljusblå lyster
från lyxpoolens botten

Cravings för cheddar
Vem bor här?
Försöker knäcka
mitt skelett igen

Skelettsmärta
är smärtans jubel
och den vilda rymningsvägen
är Ätstörning nebulosa,

som jägarläget
i sylfidens skärpa
över takplåt, vindsluckor
och uppåt/ utåt
genom gryningsmoln

What Kind of Hunger is That

Fluff worm by day,
werewolf at night?
The moonlight howls
its mirror concert

Need a map
The apartment a hotel
a lightblue glow
from the bottom of the luxury pool

Cheddar cravings
Who lives here?
Trying to break
my skeleton again

Bone pain
is an an ovation of pain
and the wild escape route
is the Nebula of Eating Disorders

like the hunter mode
of the sylph's focus
over the sheet roofs, wind shutters
and upwards/outwards
through the dawn clouds

Men nej, vill inte bli
vampyr, aristokrat,
hellre Hot Trash,
beräknat blekblond

Hungerfjädrarna,
varmt blodvin istf blod
Ge mig avgasröken
eller ett sänke

Nattätare
Kom ge mig råbiff,
kamphundar, kom
Tullymonster utan
ögon bak & fram
i palliativ skallgång

Allt är så magiskt
Jag ser det försvinna
Det är någon annans magi

Det är någon annans minnen

Någon annans mat

Alla jag älskar
finns inte
fast de finns

But no, I don't want to be
vampire, aristocrat,
would prefer Hot Trash,
artificially bleachblond

The hunger feathers,
warm bloodwine instead of blood
Give me exhaust fumes
or a sinker

Night eater
Come give me raw beef,
fighting dogs, come
Tully monsters without
eyes back and front
in a palliative search party

Everything is so magical
it disappears
It's someone else's magic

It's someone else's memories

Someone else's food

Everyone I love
don't exist
though they exist

Hästar i motljus
Tropiska nätter
Rosa skymning över skog

Vidsträckta fält
Långt borta hojtar vaktlarna
I luften rasslar
en mekanisk leksak
över gårdsplanen

och vindens fötter
snuddar över åkrarna

som när ett rymdskepp
just ska landa

Horses in backlight
Tropical nights
Pink dusk over woods

Wide fields
Far away quails shout
In the air
a mechanical toy rattles
across the courtyard

and the wind's feet
touch the fields

as when a spaceship
is just about to land

Även utan hjärna vet jag allt

Even without a brain I know everything

det är redan kväll
men verkar som om
svartkroppen kan vakna

it's already evening
but it seems like
the blackbody might wake up

ur djuphavsgravens
självantända strålning

from the oceanic trench's
self-lit rays

jag trodde jag skulle vila i frid

I thought I'd get to rest in peace

men jag ska rasa

but I will collapse

but I will rage

Acknowledgements

Thanks to *American Poetry Review*, *Poetry Magazine* and *Agni* for publishing some of these poems.

The epigraph is from Don Mee Choi's translation of Kim Hyesoon's *Autobiography of Death*.

About the Author

Swedish poet Aase Berg began her artistic trajectory as a member of the radical organization, the Surrealist Group of Stockholm. Her books include *With Deer* (2009), *Dark Matter* (2013), and *Hackers* (2017)—all translated by Johannes Göransson into English and published by Black Ocean.

About the Translator

Johannes Göransson is the author of nine books of poetry in English, including *Summer,* and the translator of several books by Swedish poets. He is the co-editor of Action Books and teaches at the University of Notre Dame.